Impressum
Verlag: BABADADA GmbH, Nedderfeld 112 , 22529 Hamburg
Geschäftsführer / Verlagsleitung: Harald Hof
Druck: Books on Demand GmbH, In de Tarpen 42, 22848 Norderstedt

Imprint
Publisher: BABADADA GmbH, Nedderfeld 112 , 22529 Hamburg, Germany
Managing Director / Publishing direction: Harald Hof
Print: Books on Demand GmbH, In de Tarpen 42, 22848 Norderstedt

Schule

l'école

Klassenzimmer
la salle de classe

dividieren
diviser

186/2

Tafel
le tableau noir

Schulhof
la cour (de récréation)

Lehrer
le professeur

Papier
le papier

schreiben
écrire

Stift
le stylo

Schreibtisch
le bureau

Lineal
la règle

Buch
le livre

Schüler
l'élève

Schultasche

le cartable

Federmappe

la trousse

Bleistift

le crayon

Bleistiftspitzer

le taille-crayon

Radierer

la gomme

Zeichenblock

le carnet à dessin

Zeichnung

le dessin

Pinsel

le pinceau

Malkasten

la boîte de peinture

Schere

les ciseaux

Klebstoff

la colle

Übungsheft

le cahier d'exercices

Hausübung

les devoirs

Zahl

le chiffre

addieren

additionner

subtrahieren

soustraire

multiplizieren

multiplier

rechnen

calculer

Buchstabe

la lettre

Alphabet

l'alphabet

Wort

le mot

Text

le texte

lesen

lire

Kreide

la craie

Unterrichtsstunde

la leçon

Klassenbuch

le livre de classe

Prüfung

l'examen

Zeugnis

le certificat

Schuluniform

l'uniforme scolaire

Ausbildung

la formation

Lexikon

le lexique

Universität

l'université

Mikroskop

le microscope

Karte

la carte

Papierkorb

la corbeille à papier

Hotel
l'hôtel

Grand

Herberge
l'auberge

ROOMS

Wechselstube
le bureau de change

EXCHANGE

Koffer
la valise

Auto
la voiture

Sprache

la langue

ja / nein

oui / non

Okay

d'accord

Hallo

Salut

Dolmetscherin

l'interprète

Danke

merci

Wie viel kostet ...?

Combien coûte...?

Ich verstehe nicht.

Je ne comprends pas

Problem

le problème

Guten Abend!

Bonsoir !

Guten Morgen!

Bonjour !

Gute Nacht!

Bonne nuit !

Auf Wiederschaun!

Au revoir

Richtung

la direction

Gepäck

les bagages

Tasche

le sac

Rucksack

le sac-à-dos

Gast

l'hôte

Zimmer

la pièce

Schlafsack

le sac de couchage

Zelt

la tente

Touristeninformation

l'office de tourisme

Strand

la plage

Kreditkarte

la carte de crédit

Frühstück

le petit-déjeuner

Mittagessen

le déjeuner

Abendessen

le dîner

Fahrkarte

le billet

Lift

l'ascenseur

Briefmarke

le timbre

Grenze

la frontière

Zoll

la douane

Botschaft

l'ambassade

Visum

le visa

Pass

le passeport

Flugzeug
l'avion

Schiff
le navire

Feuerwehrauto
le véhicule de pompiers

Bus
le bus

Lastwagen
le camion

Motorboot
le bateau à moteur

Fahrrad
la bicyclette

Auto
la voiture

Fähre

le ferry

Boot

la barque

Motorrad

la moto

Polizeiauto

la voiture de police

Rennauto

la voiture de course

Mietwagen

la voiture de location

Carsharing

l'auto-partage

Abschleppwagen

la voiture de remorquage

Müllwagen

la benne à ordures

Motor

le moteur

Kraftstoff

l'essence

Tankstelle

la station d'essence

Verkehrsschild

le panneau indicateur

Verkehr

le trafic

Stau

l'embouteillage

Parkplatz

le parking

Bahnhof

la gare

Schienen

les rails

Zug

le train

Straßenbahn

le tramway

Wagon

le wagon

Hubschrauber

l'hélicoptère

Flughafen

l'aéroport

Tower

la tour

Passagier

le passager

Container

le conteneur

Karton

le carton

Rollwagen

le chariot

Korb

la corbeille

starten / landen

décoller / atterrir

Stadt

la ville

Dorf

le village

Stadtzentrum

le centre-ville

Haus

la maison

Kino
le cinéma

Werbung
la publicité

Straßenlaterne
le réverbère

Straße
la rue

Taxi
le taxi

Kiosk
le kiosque

Fußgänger
le piéton

Gehsteig
le trottoir

Zebrastreifen
le passage piéton

Mülltonne
la poubelle

Kreuzung
le carrefour

Ampel
les feux de circulation

Hütte

la cabane

Wohnung

l'appartement

Bahnhof

la gare

Rathaus

la mairie

Museum

le musée

Schule

l'école

Universität

l'université

Bank

la banque

Spital

l'hôpital

Hotel

l'hôtel

Apotheke

la pharmacie

Büro

le bureau

Buchhandlung

la librairie

Geschäft

le magasin

Blumenladen

le fleuriste

Supermarkt

le supermarché

Markt

le marché

Kaufhaus

le grand magasin

Fischhändler

la poissonnerie

Einkaufszentrum

le centre commercial

Hafen

le port

Park

le parc

Bank

la banque

Brücke

le pont

Stiege

les escaliers

U-Bahn

le métro

Tunnel

le tunnel

Bushaltestelle

l'arrêt de bus

Bar

le bar

Restaurant

le restaurant

Briefkasten

la boîte à lettres

Straßenschild

le panneau indicateur

Parkuhr

le parcmètre

Zoo

le zoo

Badeanstalt

le réverbère

Moschee

la mosquée

Bauernhof

la ferme

Umweltverschmutzung

la pollution

Friedhof

la cimetière

Kirche

l'église

Spielplatz

l'aire de jeux

Tempel

le temple

Landschaft

le paysage

Blatt
la feuille

Wegweiser
le panneau indicateur

Weg
le chemin

Wiese
le pré

Stein
la pierre

Baum
l'arbre

Wanderer
le randonneur

Fluss
la rivière

Gras
l'herbe

Blume
la fleur

Tal
....
la vallée

Hügel
....
la montagne

See
....
le lac

Wald
....
la forêt

Wüste
....
le désert

Vulkan
....
le volcan

Schloss
....
le château

Regenbogen
....
l'arc-en-ciel

Pilz
....
le champignon

Palme
....
le palmier

Moskito
....
le moustique

Fliege
....
la mouche

Ameise
....
les fourmis

Biene
....
l'abeille

Spinne
....
l'araignée

Käfer

le coléoptère

Frosch

la grenouille

Eichhörnchen

l'écureuil

Igel

le hérisson

Hase

le lièvre

Eule

la chouette

Vogel

l'oiseau

Schwan

le cygne

Wildschwein

le sanglier

Hirsch

le cerf

Elch

l'élan

Staudamm

le barrage

Windrad

l'éolienne

Solarmodul

le panneau solaire

Klima

le climat

Kellner
le serveur

Speisekarte
le menu

Sessel
la chaise

Suppe
la soupe

Pizza
la pizza

Besteck
les couverts

Tischdecke
la nappe

Vorspeise
les hors d'œuvre

Hauptgericht
le plat principal

Nachspeise
le dessert

Getränke
les boissons

Essen
l'alimentation

Flasche
la bouteille

Fastfood

le fast-food

Streetfood

les plats à emporter

Teekanne

la théière

Zuckerdose

le sucrier

Portion

la portion

Espressomaschine

la machine à expresso

Kinderstuhl

la chaise haute

Rechnung

la facture

Tablett

le plateau

Messer

le couteau

Gabel

la fourchette

Löffel

la cuillère

Teelöffel

la cuillère à thé

Serviette

la serviette

Glas

le verre

Teller
l'assiette

Suppenteller
l'assiette à soupe

Untertasse
la soucoupe

Sauce
la sauce

Salzstreuer
la salière

Pfeffermühle
le moulin à poivre

Essig
le vinaigre

Öl
l'huile

Gewürze
les épices

Ketchup
le ketchup

Senf
la moutarde

Mayonnaise
la mayonnaise

Supermarkt

le supermarché

Angebot
l'offre promotionnelle

Kunde
le client

Milchprodukte
les produits laitiers

Obst
les fruits

Einkaufswagen
le chariot

Schlachterei

la boucherie

Bäckerei

la boulangerie

wiegen

peser

Gemüse

les légumes

Fleisch

la viande

Tiefkühlkost

les aliments surgelés

Aufschnitt

la charcuterie

Konserven

les conserves

Waschmittel

la poudre à lessive

Süßigkeiten

les bonbons

Haushaltsartikel

les articles ménagers

Reinigungsmittel

les détergents

Verkäuferin

la vendeuse

Kassa

la caisse

Kassiererin

le caissier

Einkaufsliste

la liste d'achats

Öffnungszeiten

les heures d'ouverture

Brieftasche

le portefeuille

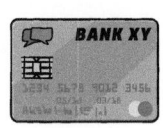

Kreditkarte

la carte de crédit

Tasche

le sac

Plastiktüte

le sac en plastique

Wasser

l'eau

Saft

le jus de fruit

Milch

le lait

Cola

le coca

Wein

le vin

Bier

la bière

Alkohol

l'alcool

Kakao

le chocolat chaud

Tee

le thé

Kaffee

le café

Espresso

l'expresso

Cappuccino

le cappuccino

Banane

la banane

Apfel

la pomme

Orange

l'orange

Melone

le melon

Zitrone

le citron.

Karotte

la carotte

Knoblauch

l'ail

Bambus

le bambou

Zwiebel

l'oignon

Pilz

le champignon

Nüsse

les noisettes

Nudeln

les pâtes

Spaghetti

les spaghetti

Reis

le riz

Salat

la salade

Pommes frites

les pommes frites

Bratkartoffeln

les pommes de terre rôties

Pizza

la pizza

Hamburger

le hamburger

Sandwich

le sandwich

Schnitzel

l'escalope

Schinken

le jambon

Salami

le salami

Wurst

la saucisse

Huhn

le poulet

Braten

le rôti

Fisch

le poisson

Haferflocken

les flocons d'avoine

Müsli

le muesli

Cornflakes

les cornflakes

Mehl

la farine

Croissant

le croissant

Semmel

les petits-pains

Brot

le pain

Toast

le pain grillé

Kekse

les biscuits

Butter

le beurre

Topfen

le fromage blanc

Kuchen

le gâteau

Ei

l'œuf

Spiegelei

l'œuf au plat

Käse

le fromage

Eiscreme

la glace

Zucker

le sucre

Honig

le miel

Marmelade

la confiture

Schokoladenaufstrich

la crème nougat

Curry

le curry

Bauernhaus
la ferme

Scheune
la grange

Strohballen
la botte de paille

Feld
le champ

Pferd
le cheval

Anhänger
la remorque

Fohlen
le poulain

Traktor
le tracteur

Esel
l'âne

Schaf
le mouton

Lamm
l'agneau

Ziege

la chèvre

Kuh

la vache

Kalb

le veau

Schwein

le porc

Ferkel

le porcelet

Stier

le taureau

Gans

l'oie

Ente

le canard

Küken

le poussin

Huhn

la poule

Hahn

le coq

Ratte

le rat

Katze

le chat

Maus

la souris

Ochse

le bœuf

Hund

le chien

Hundehütte

le chenil

Gartenschlauch

le tuyau de jardin

Gießkanne

l'arrosoir

Sense

la faucheuse

Pflug

la charrue

Sichel

la faucille

Hacke

la pioche

Mistgabel

la fourche

Axt

la hache

Schubkarre

la brouette

Trog

la cuve

Milchkanne

le pot à lait

Sack

le sac

Zaun

la clôture

Stall

l'étable

Treibhaus

le serre

Boden

le sol

Saat

les semences

Dünger

l'engrais

Mähdrescher

la moissonneuse-batteuse

ernten

récolter

Ernte

la récolte

Yamswurzel

l'igname

Weizen

le blé

Soja

le soja

Erdapfel

la pomme de terre

Mais

le maïs

Raps

le colza

Obstbaum

l'arbre fruitier

Maniok

le manioc

Getreide

les céréales

Schornstein
la cheminée

Dach
le toit

Regenrinne
la gouttière

Fenster
la fenêtre

Garage
le garage

Klingel
la sonnette

Tür
la porte

Abfallkübel
la poubelle

Briefkasten
la boîte aux lettres

Garten
le jardin

Wohnzimmer
le salon

Badezimmer
la salle de bain

Küche
la cuisine

Schlafzimmer
la chambre à coucher

Kinderzimmer
la chambre d'enfant

Esszimmer
la salle à manger

Boden

le sol

Wand

le mur

Decke

le plafond

Keller

la cave

Sauna

le sauna

Balkon

le balcon

Terrasse

la terrasse

Schwimmbad

la piscine

Rasenmäher

la tondeuse à gazon

Bettbezug

la housse

Bettdecke

la couette

Bett

le lit

Besen

le balai

Kübel

le sceau

Schalter

l'interrupteur

Tapete
le papier peint

Bild
l'image

Lampe
la lampe

Regal
l'étagère

Schrank
l'armoire

Fernseher
la télé

Kamin
la cheminée

Blume
la fleur

Polster
le coussin

Sofa
le sofa

Vase
le vase

Fernbedienung
la télécommande

Teppich
le tapis

Vorhang
le rideau

Tisch
la table

Sessel
la chaise

Schaukelstuhl
la chaise à bascule

Sessel
le fauteuil

Buch

le livre

Decke

la couverture

Dekoration

la décoration

Feuerholz

le bois de chauffage

Film

le film

Stereoanlage

la chaîne hi-fi

Schlüssel

la clé

Zeitung

le journal

Gemälde

la peinture

Poster

le poster

Radio

la radio

Notizblock

le bloc-notes

Staubsauger

l'aspirateur

Kaktus

le cactus

Kerze

la bougie

Kühlschrank
le réfrigérateur

Mikrowelle
le four à micro-ondes

Küchenwaage
la balance de cuisine

Toaster
le grille-pain

Reinigungsmittel
le détergent

Backofen
le four

Gefrierfach
le compartiment congélateur

Abfallkübel
la poubelle

Geschirrspüler
le lave-vaisselle

Herd

le four

Topf

la casserole

Eisentopf

la marmite

Wok / Kadai

le wok / kadai

Pfanne

la poêle

Wasserkocher

la bouilloire electrique

Dampfgarer

le cuiseur vapeur

Backblech

la plaque de cuisson

Geschirr

la vaisselle

Becher

le gobelet

Schale

la coupe

Essstäbchen

les baguettes

Schöpflöffel

la louche

Pfannenwender

la spatule

Schneebesen

le fouet

Kochsieb

la passoire

Sieb

le tamis

Reibe

la râpe

Mörser

le mortier

Grill

le barbecue

Kaminfeuer

la cheminée

Schneidebrett

la planche à découper

Nudelholz

le rouleau à pâtisserie

Korkenzieher

le tire-bouchon

Dose

la boîte

Dosenöffner

l'ouvre-boîte

Topflappen

les maniques

Waschbecken

le lavabo

Bürste

la brosse

Schwamm

l'éponge

Mixer

le mixeur

Gefriertruhe

le congélateur

Babyflasche

le biberon

Wasserhahn

le robinet

Dusche
la douche

Heizung
le chauffage

Handtuch
la serviette

Duschvorhang
le rideau de douche

Schaumbad
le bain moussant

Badewanne
la baignoire

Glas
le verre

Waschmaschine
la machine à laver

Fliesen
le carrelage

Wasserhahn
le robinet

Nachttopf
le pot

Waschbecken
le lavabo

Klo

les toilettes

Hocktoilette

la toilette à la turque

Bidet

le bidet

Pissoir

l'urinoir

Klopapier

le papier toilette

Klobürste

la brosse à toilette

Zahnbürste

la brosse à dents

Zahnpasta

le dentifrice

Zahnseide

le fil dentaire

waschen

laver

Handbrause

la douche manuelle

Intimdusche

la douche intime

Waschschüssel

la vasque

Rückenbürste

la brosse dorsale

Seife

le savon

Duschgel

le gel douche

Shampoo

le shampooing

Waschlappen

le gant de toilette

Abfluss

l'écoulement

Creme

la crème

Deodorant

le déodorant

Spiegel

le miroir

Kosmetikspiegel

le miroir cosmétique

Rasierer

le rasoir

Rasierschaum

la mousse à raser

Rasierwasser

l'après-rasage

Kamm

la peigne

Bürste

la brosse

Föhn

le sèche-cheveux

Haarspray

la laque pour cheveux

Makeup

le fond de teint

Lippenstift

le rouge à lèvres

Nagellack

le vernis à ongles

Watte

l'ouate

Nagelschere

le coupe-ongles

Parfum

le parfum

Kulturbeutel

la trousse de toilette

Hocker

le tabouret

Waage

le pèse-personne

Bademantel

le peignoir

Gummihandschuhe

les gants de nettoyage

Tampon

le tampon

Damenbinde

les serviettes hygiéniques

Chemietoilette

la toilette chimique

Wecker
le réveil

Kuscheltier
le doudou

Spielzeugauto
la voiture jouet

Rassel
le hochet

Puppenhaus
la maison de poupée

Geschenk
le cadeau

Ballon

le ballon

Bett

le lit

Kinderwagen

la poussette

Kartenspiel

le jeu de cartes

Puzzle

le puzzle

Comic

la bande dessinée

Legosteine

les pièces lego

Bausteine

les blocs de construction

Actionfigur

la figurine

Strampelanzug

la grenouillère

Frisbee

le frisbee

Mobile

le mobile

Brettspiel

le jeu de société

Würfel

le dé

Modelleisenbahn

le train miniature

Schnuller

la sucette

Party

la fête

Bilderbuch

le livre d'images

Ball

la balle

Puppe

la poupée

spielen

jouer

Sandkasten

le bac à sable

Schaukel

la balançoire

Spielzeug

les jouets

Spielkonsole

la console de jeu

Dreirad

le tricycle

Teddy

l'ours en peluche

Kleiderschrank

l'armoire

Kleidung

les vêtements

Socken

les chaussettes

Strümpfe

les bas

Strumpfhose

le collant

Schal
l'écharpe

Regenschirm
le parapluie

Gürtel
la ceinture

T-Shirt
le t-shirt

Turnschuhe
les baskets

Stiefel
les bottes

Hausschuhe
les pantoufles

Sandalen
....
les sandales

Schuhe
....
les chaussures

Gummistiefel
....
les bottes de caoutchouc

Unterhose
....
les sous-vêtements

Büstenhalter
....
le soutien-gorge

Unterhemd
....
le maillot de corps

Body

le body

Hose

le pantalon

Jeans

le jean

Rock

la jupe

Bluse

le chemisier

Hemd

la chemise

Pullover

le pull

Kapuzenpullover

le sweat à capuche

Blazer

la veste

Jacke

la veste

Mantel

le manteau

Regenmantel

l'imperméable

Kostüm

le costume

Kleid

la robe

Hochzeitskleid

la robe de mariée

Anzug

le costume

Nachthemd

la chemise de nuit

Pyjama

le pyjama

Sari

le sari

Kopftuch

le foulard

Turban

le turban

Burka

la burqa

Kaftan

le caftan

Abaya

l'abaya

Badeanzug

le maillot de bain

Badehose

le maillot de bain

kurze Hose

le short

Jogginganzug

la tenue d'entraînement

Schürze

le tablier

Handschuhe

les gants

Knopf

le bouton

Brille

les lunettes

Armband

le bracelet

Halskette

le collier

Ring

la bague

Ohrring

la boucle d'oreille

Mütze

le bonnet

Kleiderbügel

le cintre

Hut

le chapeau

Krawatte

la cravate

Reißverschluss

la fermeture éclair

Helm

le casque

Hosenträger

les bretelles

Schuluniform

l'uniforme scolaire

Uniform

l'uniforme

Lätzchen

le bavoir

Schnuller

la sucette

Windel

la lange

Server
le serveur

Aktenschrank
l'armoire d'archivage

Drucker
l'imprimante

Monitor
l'écran

Papier
le papier

Schreibtisch
le bureau

Maus
la souris

Ordner
le classeur

Tastatur
le clavier

Papierkorb
la corbeille à papier

Computer
l'ordinateur

Sessel
la chaise

Kaffeebecher

la tasse de café

Taschenrechner

la calculatrice

Internet

l'internet

Laptop

l'ordinateur portable

Brief

la lettre

Nachricht

le message

Handy

le portable

Netzwerk

le réseau

Kopierer

la photocopieuse

Software

le logiciel

Telefon

le téléphone

Steckdose

la prise

Fax

le fax

Formular

le formulaire

Dokument

le document

kaufen

acheter

bezahlen

payer

handeln

faire du commerce

Geld

la monnaie

Dollar

le dollar

Euro

l'euro

Yen

le yen

Rubel

le rouble

Franken

le franc suisse

Renminbi Yuan

le renminbi yuan

Rupie

la roupie

Bankomat

le distributeur automatique

Wechselstube

le bureau de change

Gold

l'or

Silber

l'argent

Öl

le pétrole

Energie

l'énergie

Preis

le prix

Vertrag

le contrat

Steuer

la taxe

Aktie

l'action

arbeiten

travailler

Angestellte

l'employé

Arbeitgeber

l'employeur

Fabrik

l'usine

Geschäft

le magasin

Polizist
l'agent de police

Feuerwehrmann
le pompier

Koch
le cuisinier

Ärztin
le médecin

Pilot
le pilote

Gärtner

le jardinier

Tischler

le menuisier

Schneiderin

la couturière

Richter

le juge

Chemikerin

le chimiste

Schauspieler

l'acteur

Busfahrer

le conducteur de bus

Taxifahrer

le chauffeur de taxi

Fischer

le pêcheur

Putzfrau

la femme de ménage

Dachdecker

le couvreur

Kellner

le serveur

Jäger

le chasseur

Maler

le peintre

Bäcker

le boulanger

Elektriker

l'électricien

Bauarbeiter

l'ouvrier

Ingenieur

l'ingénieur

Schlachter

le boucher

Installateur

le plombier

Briefträgerin

le facteur

Soldat

le soldat

Architekt

l'architecte

Kassiererin

le caissier

Blumenhändlerin

le fleuriste

Friseur

le coiffeur

Schaffner

le contrôleur

Mechaniker

le mécanicien

Kapitän

le capitaine

Zahnärztin

le dentiste

Wissenschaftler

le scientifique

Rabbi

le rabbin

Imam

l'imam

Mönch

le moine

Pfarrer

le prêtre

Hammer
le marteau

Zange
les pinces

Schraubenzieher
le tournevis

Schraubenschlüssel
la clé

Taschenlampe
la torche

Bagger
la pelleteuse

Werkzeugkasten
la boîte à outils

Leiter
l'échelle

Säge
la scie

Nägel
les clous

Bohrer
la perceuse

reparieren
....
réparer

Schaufel
....
la pelle

Scheiße!
....
Mince !

Kehrschaufel
....
la pelle

Farbtopf
....
le pot de peinture

Schrauben
....
les vis

Musikinstrumente
les instruments de musique

Lautsprecher
le haut-parleurs

Schlagzeug
la batterie

Gitarre
la guitare

Kontrabass
la contrebasse

Trompete
la trompette

Klavier

le piano

Violine

le violon

Bass

la basse

Pauke

les timbales

Trommeln

le tambour

Tastatur

le piano électrique

Saxophon

le saxophone

Flöte

la flûte

Mikrofon

le microphone

Eingang
l'entrée

Tiger
le tigre

Käfig
la cage

Zebra
le zèbre

Tierfutter
l'alimentation animale

Panda
le panda

Tiere

les animaux

Elefant

l'éléphant

Känguru

le kangourou

Nashorn

le rhinocéros

Gorilla

le gorille

Bär

l'ours

Kamel

le chameau

Strauß

l'autruche

Löwe

le lion

Affe

le singe

Flamingo

le flamand rose

Papagei

le perroquet

Eisbär

l'ours polaire

Pinguin

le pingouin

Hai

le requin

Pfau

le paon

Schlange

le serpent

Krokodil

le crocodile

Zoowärter

le gardien de zoo

Robbe

le phoque

Jaguar

le jaguar

Pony

le poney

Leopard

le léopard

Nilpferd

l'hippopotame

Giraffe

la girafe

Adler

l'aigle

Wildschwein

le sanglier

Fisch

le poisson

Schildkröte

la tortue

Walross

le morse

Fuchs

le renard

Gazelle

la gazelle

American Football
l'american Football

Radfahren
le cyclisme

Tennis
le tennis

Basketball
le basket-ball

Schwimmen
la natation

Boxen
la boxe

Eishockey
le hockey sur glace

Fußball
le football

Badminton
le badminton

Leichtathletik
l'athlétisme

Handball
le handball

Skifahren
le ski

Polo
le polo

springen
sauter

umarmen
embrasser

lachen
rire

gehen
marcher

singen
chanter

beten
prier

küssen
faire la bise

träumen
rêver

schreiben

écrire

zeichnen

dessiner

zeigen

montrer

drücken

pousser

geben

donner

nehmen

prendre

haben
avoir

machen
faire

sein
être

stehen
être debout

laufen
courir

ziehen
trier

werfen
jeter

fallen
tomber

liegen
être couché

warten
attendre

tragen
porter

sitzen
être assis

anziehen
s'habiller

schlafen
dormir

aufwachen
se réveiller

ansehen

regarder

weinen

pleurer

streicheln

caresser

frisieren

peigner

reden

parler

verstehen

comprendre

fragen

demander

hören

écouter

trinken

boire

essen

manger

zusammenräumen

ranger

lieben

aimer

kochen

cuire

fahren

conduire

fliegen

voler

segeln

faire de la voile

rechnen

calculer

lesen

lire

lernen

apprendre

arbeiten

travailler

heiraten

se marier

nähen

coudre

Zähne putzen

brosser les dents

töten

tuer

rauchen

fumer

senden

envoyer

Großmutter
grand-mère

Großvater
le grand-père

Vater
le père

Mutter
la mère

Baby
le bébé

Tochter
la fille

Sohn
le fils

Gast

l'hôte

Tante

la tante

Onkel

l'oncle

Bruder

le frère

Schwester

la sœur

Stirn
le front

Auge
l'œil

Schulter
l'épaule

Finger
le doigt

Gesicht
le visage

Kinn
le menton

Hand
la main

Brust
la poitrine

Bein
la jambe

Arm
le bras

Baby

le bébé

Mann

l'homme

Frau

la femme

Mädchen

la fille

Junge

le garçon

Kopf

la tête

Rücken

le dos

Bauch

le ventre

Nabel

le nombril

Zeh

l'orteil

Ferse

le talon

Knochen

l'os

Hüfte

la hanche

Knie

le genou

Ellbogen

le coude

Nase

le nez

Gesäß

les fesses

Haut

la peau

Wange

la joue

Ohr

l'oreille

Lippe

la lèvre

Mund

la bouche

Zahn

la dent

Zunge

la langue

Gehirn

le cerveau

Herz

le cœur

Muskel

le muscle

Lunge

les poumons

Leber

le foie

Magen

l'estomac

Nieren

les reins

Geschlechtsverkehr

le rapport sexuel

Kondom

le préservatif

Eizelle

l'ovule

Sperma

le sperme

Schwangerschaft

la grossesse

Menstruation

la menstruation

Vagina

le vagin

Penis

le pénis

Augenbraue

le sourcil

Haar

les cheveux

Hals

le cou

Spital
l'hôpital

Spital
l'hôpital

Rettung
l'ambulance

Rollstuhl
le fauteuil roulant

Bruch
la fracture

Ärztin

le médecin

Notaufnahme

le service des urgences

Krankenschwester

l'infirmière

Notfall

l'urgence

ohnmächtig

inconscient

Schmerz

la douleur

Verletzung

la blessure

Blutung

l'hémorragie

Herzinfarkt

la crise cardiaque

Schlaganfall

l'attaque cérébrale

Allergie

l'allergie

Husten

la toux

Fieber

la fièvre

Grippe

la grippe

Durchfall

la diarrhée

Kopfschmerzen

le mal de tête

Krebs

le cancer

Diabetes

le diabète

Chirurg

le chirurgien

Skalpell

le scalpel

Operation

l'opération

CT
le CT

Röntgen
la radiographie

Ultraschall
l'échographie

Maske
le masque

Krankheit
la maladie

Wartezimmer
la salle d'attente

Krücke
la béquille

Pflaster
le pansement

Verband
le pansement

Injektion
l'injection

Stethoskop
le stéthoscope

Trage
le brancard

Thermometer
le thermomètre

Geburt
l'accouchement

Übergewicht
la surcharge pondérale

Hörgerät

l'appareil auditif

Desinfektionsmittel

le désinfectant

Infektion

l'infection

Virus

le virus

HIV / AIDS

le VIH / le sida

Medizin

le médicament

Impfung

la vaccination

Tabletten

les comprimés

Pille

la pilule

Notruf

l'appel d'urgence

Blutdruckmesser

le tensiomètre

krank / gesund

malade / sain

Hilfe!

Au secours !

Alarm

l'alarme

Überfall

l'assaut

Angriff

l'attaque

Gefahr

le danger

Notausgang

la sortie de secours

Feuer!

Au feu!

Feuerlöscher

l'extincteur

Unfall

l'accident

Erste-Hilfe-Koffer

la trousse de premier
secours

SOS

SOS

Polizei

la police

Europa

l'Europe

Nordamerika

l'Amérique du Nord

Südamerika

l'Amérique du Sud

Afrika

l'Afrique

Asien

l'Asie

Australien

l'Australie

Atlantik

l'Océan atlantique

Pazifik

l'Océan pacifique

Indische Ozean

l'Océan indien

Antarktische Ozean

l'Océan antarctique

Arktische Ozean

l'Océan arctique

Nordpol

le Pôle nord

Südpol
·········
le Pôle sud

Antarktis
·········
l'Antarctique

Erde
·········
la terre

Land
·········
le pays

Meer
·········
la mer

Insel
·········
l'île

Nation
·········
la nation

Staat
·········
l'état

Ziffernblatt

le cadran

Stundenzeiger

l'aiguille des heures

Minutenzeiger

l'aiguille des minutes

Sekundenzeiger

l'aiguille des secondes

Wie spät ist es?

Quelle heure est-il ?

Tag

le jour

Zeit

le temps

jetzt

maintenant

Digitaluhr

la montre digitale

Minute

la minute

Stunde

l'heure

Woche

la semaine

Montag
lundi

Mittwoch
mercredi

Freitag
vendredi

Dienstag
mardi

Donnerstag
jeudi

Samstag
samedi

Sonntag
dimanche

gestern

hier

heute

aujourd'hui

morgen

demain

Morgen

le matin

Mittag

le midi

Abend

le soir

Arbeitstage

les jours ouvrables

Wochenende

le week-end

Regen
la pluie

Regenbogen
l'arc-en-ciel

Schnee
la neige

Wind
le vent

Frühling
le printemps

Herbst
l'automne

Sommer
l'été

Winter
l'hiver

Wettervorhersage

la météo

Thermometer

le thermomètre

Sonnenschein

la lumière du soleil

Wolke

le nuage

Nebel

le brouillard

Luftfeuchtigkeit

l'humidité

Blitz	Donner	Sturm
la foudre	la tonnerre	la tempête

Hagel	Monsun	Flut
la grêle	la mousson	l'inondation

Eis	Jänner	Februar
la glace	janvier	février

März	April	Mai
mars	avril	mai

Juni	Juli	August
juin	juillet	août

September
....
septembre

Oktober
....
octobre

November
....
novembre

Dezember
....
décembre

Formen

les formes

Kreis
....
le cercle

Quadrat
....
le carré

Rechteck
....
le rectangle

Dreieck
....
le triangle

Kugel
....
la sphère

Würfel
....
le cube

weiß
....
blanc

gelb
....
jaune

orange
....
orange

pink
....
rose

rot
....
rouge

lila
....
violet

blau
....
bleu

grün
....
vert

braun
....
marron

grau
....
gris

schwarz
....
noir

viel / wenig

beaucoup / peu

wütend / friedlich

fâché / calme

hübsch / hässlich

joli / laid

Anfang / Ende

le début / la fin

groß / klein

grand / petit

hell / dunkel

clair / obscure

Bruder / Schwester

frère / soeur

sauber / schmutzig

propre / sale

vollständig / unvollständig

complet / incomplet

Tag / Nacht

le jour / la nuit

tot / lebendig

mort / vivant

breit / schmal

large / étroit

genießbar / ungenießbar

comestible / incomestible

böse / freundlich

méchant / gentil

aufgeregt / gelangweilt

excité / ennuyé

dick / dünn

gros / mince

zuerst / zuletzt

le premier / le dernier

Freund / Feind

l'ami / l'ennemi

voll / leer

plein / vide

hart / weich

dur / souple

schwer / leicht

lourd / léger

Hunger / Durst

faim / soif

krank / gesund

malade / sain

illegal / legal

illégal / légal

gescheit / dumm

intelligent / stupide

links / rechts

gauche / droite

nah / fern

proche / loin

neu / gebraucht

nouveau / usé

nichts / etwas

rien / quelque chose

alt / jung

vieux / jeune

an / aus

marche / arrêt

offen / geschlossen

ouvert / fermé

leise / laut

faible / fort

reich / arm

riche / pauvre

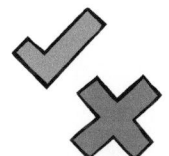

richtig / falsch

correct / incorrect

rau / glatt

rugueux / lisse

traurig / glücklich

triste / heureux

kurz / lang

court / long

langsam / schnell

lent / rapide

nass / trocken

mouillé / sec

warm / kühl

chaud / froid

Krieg / Frieden

la guerre / la paix

0

null

zéro

1

eins

un / une

2

zwei

deux

3

drei

trois

4

vier

quatre

5

fünf

cinq

6

sechs

six

7

sieben

sept

8

acht

huit

9

neun

neuf

10

zehn

dix

11

elf

onze

12

zwölf

douze

13

dreizehn

treize

14

vierzehn

quatorze

15

fünfzehn

quinze

16

sechzehn

seize

17

siebzehn

dix-sept

18

achtzehn

dix-huit

19

neunzehn

dix-neuf

20

zwanzig

vingt

100

hundert

cent

1.000

tausend

mille

1.000.000

Million

le million

Englisch

l'anglais

Amerikanisches Englisch

l'anglais américain

Chinesisch (Mandarin)

le chinois mandarin

Hindi

le hindi

Spanisch

l'espagnol

Französisch

le français

Arabisch

l'arabe

Russisch

le russe

Portugiesisch

le portugais

Bengalisch

le bengali

Deutsch

l'allemand

Japanisch

le japonais

ich
je

du
tu

er / sie / es
il / elle / ce, c', cela

wir
nous

ihr
vous

sie
ils / elles

Wer?
Qui ?

Was?
Quoi ?

Wie?
Comment ?

Wo?
Où ?

Wann?
Quand ?

Name
le nom

hinter

derrière

in

dans

vor

devant

über

au-dessus

auf

sur

unter

en-dessous

neben

à côté de

zwischen

entre

Ort

le lieu